I0821405

RAZAS DE CABALLOS FAVORITOS

CABALLOS ÁRABES

por Cari Meister

AMICUS | AMICUS INK

Amicus High Interest y Amicus Ink están publicados por Amicus
P.O. Box 1329, Mankato, MN 56002
www.amicuspublishing.us

Información del catálogo de publicaciones de la biblioteca del congreso
Names: Meister, Cari, author.
Title: Caballos árabes / by Cari Meister.
Other titles: Arabian horses. Spanish
Description: Mankato, Minnesota : Amicus/Amicus Ink, [2019] | Series: Razas de caballos favoritos | Audience: K to Grade 3. | Includes index.
Identifiers: LCCN 2018002382 | ISBN 9781681516141 (library binding)
Subjects: LCSH: Arabian horse--Juvenile literature.
Classification: LCC SF293.A8 M4518 2019 | DDC 636.1/12--dc23
LC record available at https://lccn.loc.gov/2018002382

Créditos de imágenes: Kwadrat70/Dreamstime cubierta; Olga_i/Shutterstock 2, 22, 24; Jeff Vanuga/Getty 5; Hussain Nalwala/Shutterstock 6-7; Thaliastock/Mary Evans 8-9; Somogyvari/Getty 10-11; rokopix/Shutterstock 12-13; Birgid Allig/Getty 14-15; Makarova Viktoria/Shutterstock 17; Kerrick/Getty 18-19; Maria itina/Getty 20-21

Editora: Wendy Dieker
Diseñador: Veronica Scott
Investigación fotográfica: Holly Young

Impreso en China

HC 10 9 8 7 6 5 4 3 2 1

TABLA DE CONTENIDO

UNA LARGA CARRERA

Un caballo salta sobre un tronco. Corre por el bosque. Descansa. Corre más. Puede correr 50 millas (80.5 km). Es una **carrera de resistencia**. ¡Este caballo puede andar y andar! Es un caballo árabe.

¿Sabías?

Cualquier caballo puede correr en una carrera de resistencia. Pero los árabes ganan carreras de resistencia con más frecuencia que cualquiera otra raza.

HECHO PARA CARRERAS LARGAS

El cuerpo liviano del árabe lo ayuda a correr por mucho tiempo. También tiene grandes **fosas nasales** que toman mucho aire. Sus patas son gruesas y fuertes.

CABALLOS DEL DESIERTO

El caballo árabe fue criado en el Medio Oriente hace unos 4,000 años. La gente en esta región desértica necesitaba caballos resistentes.

¿Sabías?

La gente del desierto valoraba a sus caballos por encima de todas las cosas. Incluso compartían sus tiendas con sus caballos.

CABALLOS APRECIADOS

La gente llevó a los caballos árabes a todo el mundo. Se convirtieron en caballos muy preciados en todas partes. La mayoría de las **razas** de caballos de hoy tienen un poco del caballo árabe en ellas.

UN TROTE CON GRACIA

Es fácil detectar a un caballo árabe. Corre con su cabeza y cola hacia arriba. Tiene mucha gracia. Parece flotar en el aire cuando está trotando.

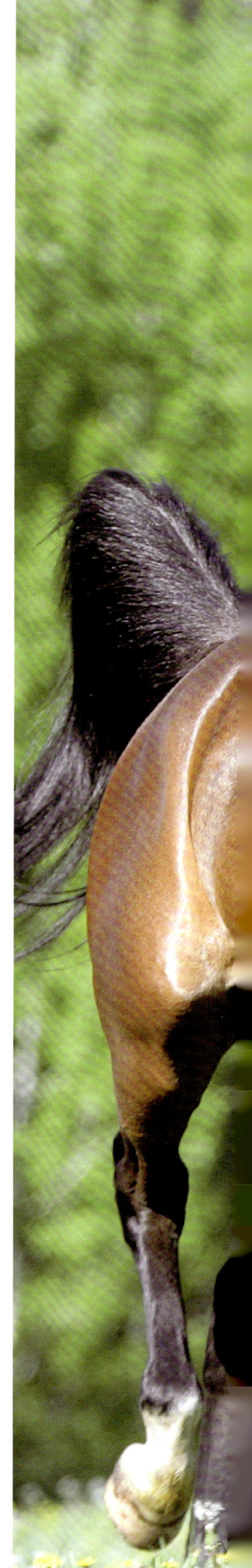

POSTURA ELEGANTE

La cola de un caballo árabe tiene dos huesos menos que otros caballos. Este caballo tiene un par de costillas menos. Su espalda es más corta también. Esto le da al caballo una **postura** elegante.

PROTECCIÓN SOLAR

Los caballos árabes tienen la piel negra. Esto les ayuda a protegerlos del sol. Sus capas pueden tener uno de cinco colores. Son castaño, gris, negro, bayo o **rabicano**. Un caballo rabicano tiene motas blancas.

POTROS

Las **yeguas** árabes están embarazadas con un **potro** por once meses. La mayoría de los potros nacen de noche. Se paran casi de inmediato. Beben leche. ¡Crecen rápido!

¿Sabías?

Un caballo árabe puede vivir entre 25 y 30 años.

AMABLE Y GENTIL

Los caballos árabes son amables. Le gusta complacer. Son gentiles. Les gusta estar entre personas. Son leales. Quieren ser tu amigo de por vida.

¿CÓMO SABES QUE ES UN CABALLO ÁRABE?

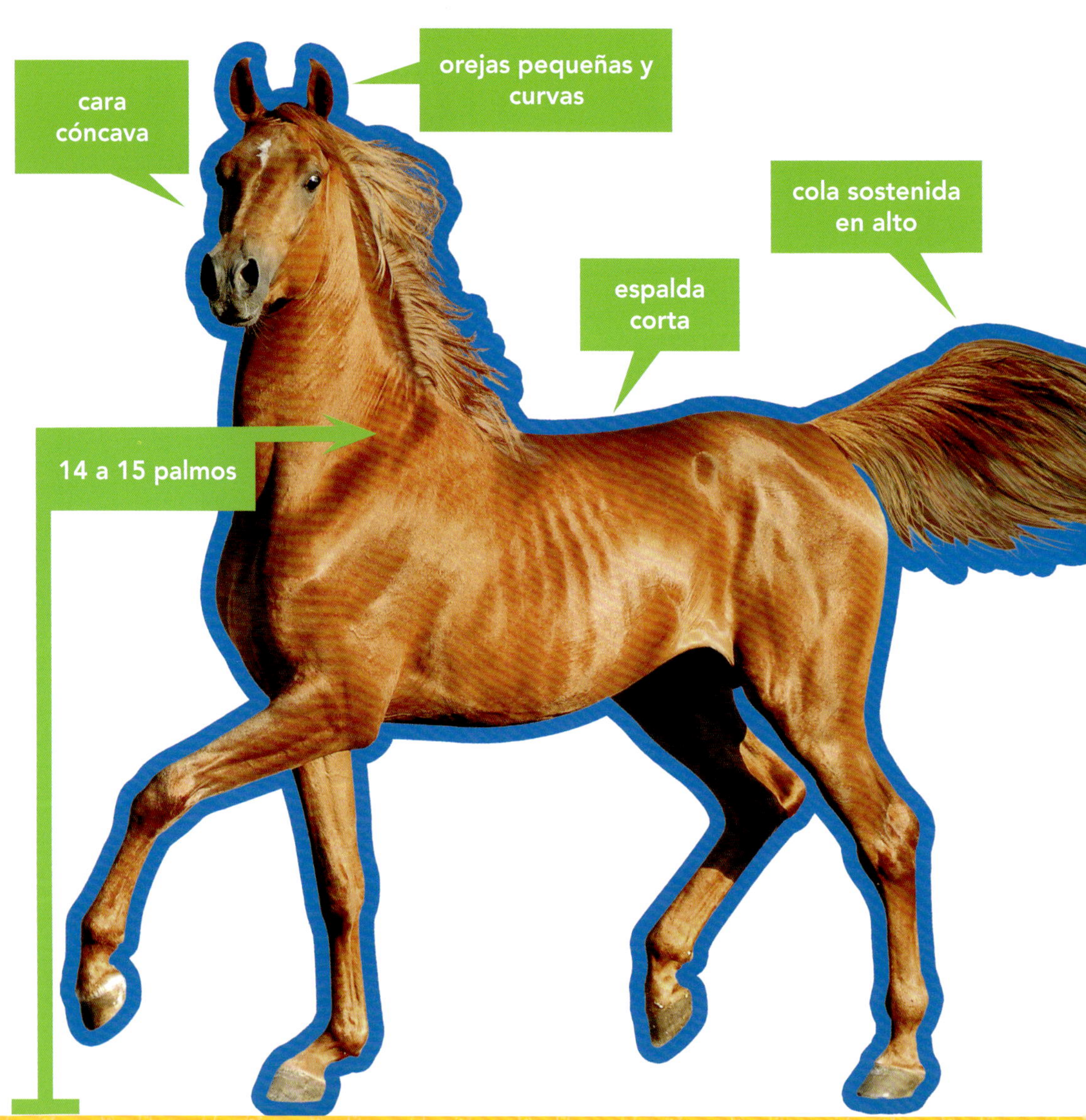

PALABRAS QUE DEBES CONOCER

carrera de resistencia – una carrera a caballo que cubre una larga distancia; muchas carreras de resistencia son de 50 millas (80,5 km) de largo.

orificio nasal – abertura de la nariz que permite que los animales inhalen y exhalen.

postura – la forma y posición del cuerpo de un animal.

potro – un caballo bebé.

rabicano – que tiene una capa de color oscuro moteado de pelos blancos; el moteado blanco a menudo es desigual y tiene más blanco en ciertas partes del cuerpo.

raza – un tipo de caballo que tiene un cierto conjunto de características y tiene ancestros de la misma raza.

yegua – un caballo hembra.

ÍNDICE